El autobús mágico
en tiempos de los dinosaurios

El autobús mágico

en tiempos de los dinosaurios

por Joanna Cole

Ilustrado por Bruce Degen

Traducido por Almudena Bautista
Colección coordinada por Paz Barroso

Scholastic Inc.
NUEVA YORK · TORONTO · LONDON · AUCKLAND · SYDNEY

La autora y el ilustrador agradecen a Mark A. Norell, conservador asociado de paleontología
de vertebrados del Museo Americano de Historia Natural, por su ayuda en la preparación de este libro.
Agradecen también el consejo y la información proporcionada por: Armand Morgan, del departamento
de Educación Pública del Museo Yale-Peabody de Historia Natural, New Haven, Connecticut; Profesor
Leo J. Hickey, conservador de Paleobotánica, del Museo Yale-Peabody de Historia Natural; Dave Virricchio,
experto en Tyrannosaurus Rex, del museo de las Rocosas, Bozeman, Montana.

Originally published in English as:
The Magic School Bus In the Time of the Dinosaurs

ISBN 0-590-67702-0
Text copyright © 1994 by Joanna Cole
Illustrations copyright © 1994 by Bruce Degen
Translation copyright © 1995 Ediciones SM.
Published by Scholastic Inc.

1 2 3 4 5 6 7 8 9 10   03 02 01 0/0 9/9 8

Printed in the U.S.A.
Revised format

El ilustrador utilizó pluma y tinta, acuarela,
lápices de colores y aguazo para los dibujos de este libro.

A Armand Morgan,
nuestro guía en la época de los dinosaurios
J.C. & B.D.

Era el día de puertas abiertas en nuestro colegio. Por la tarde iban a venir las familias para ver nuestros trabajos. En la clase de la señorita Carola estábamos transformando el aula en el mundo de los dinosaurios.

CICAS

AULA 101
BIENVENIDO A DINOLANDIA

CONOCE A UN MAIASAURA EL DÍA DE VISITAS

¡Hola!

POR AQUÍ

Algunos dinosaurios se comían a otros dinosaurios.

"Me-como-saurio"

¡Socorro!

"Me-come-saurio"

¡ME ENCANTA EL DÍA DE VISITAS!

VAN A VENIR MIS PADRES.

VIENE MI ABUELA. ESPERO QUE LE GUSTE MI TRABAJO.

Todos los dinosaurios vivieron en la prehistoria. Clara

Nuestros libros de dinosaurios. Escritos por nosotros mismos.

Algunos dinosaurios eran enormes. Tina

Algunos dinosaurios eran pequeños. Rita

Algunos dinosaurios eran carnívoros. Tom

Algunos dinosaurios eran herbívoros. Teo

MODELO DE ESQUELETO DE DINOSAURIO hecho con huesos de pollo y arcilla. Natalia

La señorita Carola entró de repente en la clase.
—Por favor, niños, presten atención. Traigo muy buenas noticias — dijo.

LOS DINOSAURIOS ERAN REPTILES

Los dinosaurios eran unos reptiles prehistóricos especiales. Los reptiles son animales:
- vertebrados
- con escamas en la piel
- que ponen huevos
- que tienen sangre fría

Carlos

REPTILES ACTUALES

SERPIENTES

COCODRILOS

TORTUGAS

ORGULLOSA DE SER PARIENTE DE UN DINOSAURIO

LAGARTOS

LOS DINOSAURIOS ERAN ESPECIALES

Los dinosaurios tenían las patas rectas. Podían andar o correr velozmente.

Los reptiles actuales tienen las patas dobladas hacia fuera.

—Nos han invitado a una excavación de dinosaurios –nos comunicó la señorita Carola–. Y nos marchamos ahora mismo.

Al salir, un chico cogió la cámara de vídeo. Otros se llevaron sus dinosaurios de juguete para que les dieran buena suerte. Cuando tienes a la profesora más chiflada del colegio, se necesita toda la suerte del mundo.

¿NOS VAMOS YA?

ME TEMO QUE LA ESCAROLA SE HA OLVIDADO QUE ES EL DÍA PARA VISITANTES.

A ELLA NUNCA SE LE OLVIDA NADA.

Ven a ver los huesos de dinosaurio que estamos excavando. Tráete a toda la clase. Un abrazo, José

Srta. Carola Colegio

¡Qué horror! Íbamos a viajar otra vez en el viejo y desvencijado autobús escolar. Tras armarnos de valor, nos subimos sujetando fuertemente nuestros dinosaurios de la suerte.

NADIE HA VISTO NUNCA UN DINOSAURIO

Cuando aparecieron en la Tierra los primeros humanos, los dinosaurios se habían extinguido hace millones de años.

Los hombres hemos descubierto la existencia de los dinosaurios mediante los fósiles.

Rita

CINCO FÓSILES DE DIFERENTES PARTES DE DINOSAURIO

1. ESQUELETO
2. DIENTES
3. HUELLAS
4. MARCAS DE LA PIEL
5. HUEVOS Y NIDOS

Alejandro

Cuando entramos en la autopista, la señorita Carola gritó desde el asiento del conductor:
—Nos dirigimos hacia el país de los fósiles, niños. ¿Quién sabe lo que es un fósil?
Por suerte habíamos hecho los deberes. Sabíamos que un fósil es un objeto que tiene restos de un animal o una planta de otra época.

EN ESTE LIBRO TODO ES MENTIRA.

NO QUEDABA NI UN DINOSAURIO EN LA ÉPOCA DE LOS HOMBRES DE LAS CAVERNAS.

10

Después de un largo viaje llegamos a un desierto en donde había gente trabajando. La señorita Carola dijo que eso era el sitio de la excavación y que la gente que veíamos eran paleontólogos, o sea, científicos que estudian la vida prehistórica.

LOS DINOSAURIOS VIVIERON 150 MILLONES DE AÑOS SOBRE LA TIERRA. ASOMBROSO, ¿VERDAD, TEO?

¡ASOMBROSO SERÍA QUE LA ESCAROLA SE OLVIDARA DE MÍ 150 SEGUNDOS!

CÓMO SE FOSILIZA UN DINOSAURIO

1. El dinosaurio muerto se hunde en el lecho de un río y se pudre.

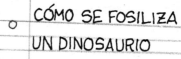

2. El esqueleto queda recubierto por arena.

3. Al cabo de mucho tiempo la arena se convierte en roca.

4. Los huesos también se vuelven tan duros como una roca. Carmen

¿Se convirtieron en fósiles casi todos los dinosaurios?

No, la mayoría se pudrió o fue comido por otros.

LOS DINOSAURIOS ERAN ESPECIALES

Los dinosaurios vivieron sobre la Tierra durante mucho más tiempo que el que llevamos los humanos.

11

A la señorita Carola se le iluminaron de repente los ojos.

—¡Vamos a buscar nidos de *Maiasaura*, niños! –gritó.

Nos subió al autobús a todo correr y lo puso en marcha.

No habíamos ido muy lejos cuando la señorita Carola paró el autobús.

Giró un mando en el salpicadero y el autobús empezó a transformarse. Parecía un despertador gigante.

La señorita Carola dijo que era una máquina del tiempo.

¿CÓMO SABEMOS QUÉ ASPECTO TENÍAN LOS DINOSAURIOS?

Los científicos reconstruyen el esqueleto de los dinosaurios.

1. Averiguan dónde iban unidos los músculos basándose en marcas en los huesos.

2. Saben cómo era la piel gracias a las impresiones fósiles.

3. Basándose en los animales actuales, intentan averiguar de qué color eran.

Rafa

La aguja del reloj empezó a girar en sentido contrario: retrocedimos una hora... un día... un año...
Por las ventanas veíamos el desierto girando a toda velocidad.
Retrocedimos mil años... un millón de años...
—Nos dirigimos hacia el tiempo de los *Maiasaura*.
¡Ánimo, chicos! –exclamó la señorita Carola.

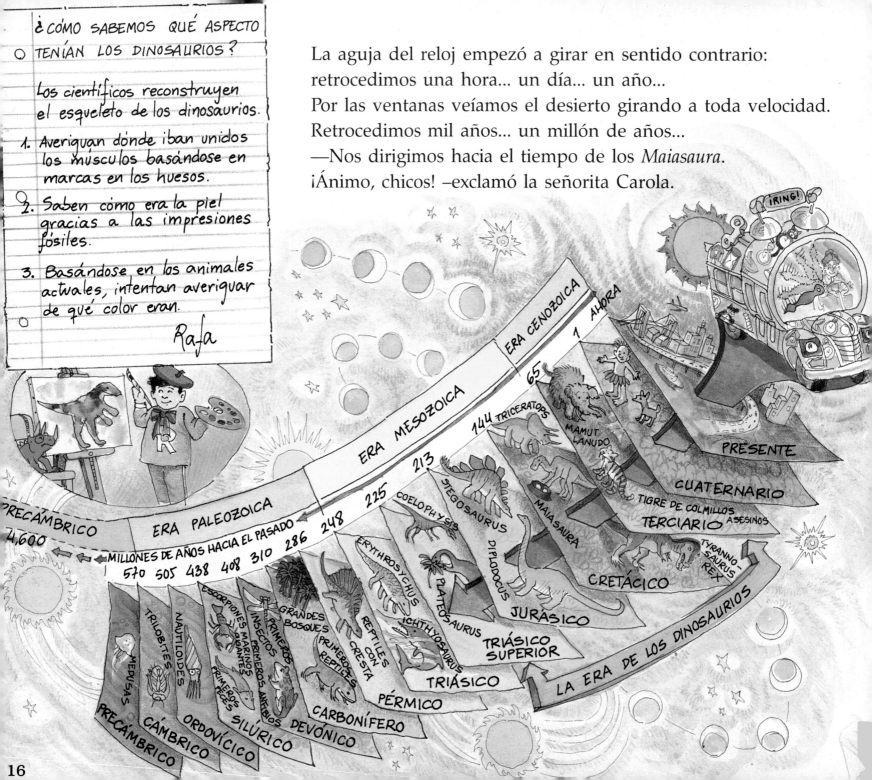

16

De repente, emergió del agua un reptil grande y abrió su enorme boca.

—Eso no es un dinosaurio –afirmó la señorita Carola–. Es un *Phytosaurus*, o sea, un reptil parecido a un cocodrilo.

El *Phytosaurus* cazó un pequeño dinosaurio y lo arrastró bajo el agua. Queríamos volver al autobús, pero la señorita Carola dijo que antes teníamos que aprender algunas cosas sobre la vegetación del Triásico.

AETOSAURUS

PHYTOSAURUS

¿SON MALVADOS LOS CARNÍVOROS?

No. Los depredadores forman parte de la naturaleza. Cazar es el único modo que tienen de conseguir alimento.
Teo

OTRA PALABRA PARA TU VOCABULARIO

Un depredador es un animal de caza.
Las presas son los animales que caza el depredador.

SOY UN DEPREDADOR.

SOY UNA PRESA.

CONÍFERA

PLATEOSAURUS

De repente empezo a llover. Los dinosaurios no se inmutaron. Nosotros corrimos hacia el autobús —¡Prepárense para avanzar en el tiempo, niños! –nos gritó la señorita Carola.

TEO, EN LA SELVA TROPICAL HAY LLUVIAS FRECUENTES Y COPIOSAS.

¡Y ME LO DICE AHORA!

A JEFF LE ENCANTARÁ ESTE VÍDEO.

LOS PRIMEROS MAMÍFEROS VIVIERON CON LOS DINOSAURIOS

Los primeros mamíferos vivieron en el Triásico superior.
Eran animales peludos, parecidos a las ratas.

Raquel

¿QUÉ SON LOS MAMÍFEROS?

Los mamíferos son animales:
- vertebrados
- con pelo
- de sangre caliente

- que amamantan a sus crías.

Tina

Lo último que vimos antes de arrancar fueron unos animalitos peludos. La señorita Carola dijo que eran los primeros mamíferos.
La aguja del reloj giró hacia adelante y la lluvia del Triásico desapareció de nuestra vista.

¿CUÁNDO VEREMOS HUEVOS DE MAIASAURA?

A PARTIR DE AHORA, LOS MAIASAURA APARECERÁN DENTRO DE 160 MILLONES DE AÑOS. ¡A VER SI LOS ENCONTRAMOS!

PRESENTE

FUTURO

PASADO

PRIMEROS MAMÍFEROS

¡Ring, ring! La alarma sonó de nuevo.
—¡Oh, no! –exclamó la señorita Carola–.
Nos hemos detenido demasiado pronto.
Estamos al final del Jurásico, la era de los
dinosaurios gigantes.

¿CÓMO ERA ENTONCES LA TIERRA?

Los continentes se estaban separando.
• Llanuras pantanosas
• Aparición de los mares interiores
• Aparición del océano Atlántico
• Temperaturas cálidas en todo el mundo

APATOSAURUS
(TAMBIÉN LLAMADO
BRONTOSAURUS)

¡QUÉ TRONCOS
TAN
INTERESANTES!

¿TRONCOS? NO
SERÁN DE
ÁRBOLES...

PRESENTE
ERA CENOZOICA
HACE 65 MILLONES DE AÑOS
CRETÁCICO
HACE 144 MILLONES DE AÑOS
JURÁSICO
HACE 213 MILLONES DE AÑOS
TRIÁSICO
HACE 225 MILLONES DE AÑOS

AHORA ESTAMOS AQUÍ

¿QUÉ ERAN LOS SAURÓPODOS?

Los saurópodos eran dinosaurios enormes de largos cuellos.
Caminaban a cuatro patas y comían plantas.

Amanda

ALGUNOS TIPOS DE SAURÓPODOS

ULTRASAURUS

BRACHIOSAURUS

DIPLODOCUS

APATOSAURUS

SEISMOSAURUS

—Niños, ¿han visto esos saurópodos? —preguntó la señorita Carola.

¡Resultaba imposible no verlos! Eran inmensos. La señorita Carola nos explicó que eran los animales más grandes que habían vivido jamás sobre tierra firme.

PIEDRAS EN EL ESTÓMAGO PARA MOLER LA COMIDA.

HAN PASADO SESENTA MILLONES DE AÑOS DESDE LA ÚLTIMA VEZ QUE ESTUVIMOS AQUÍ.

¡MIRA! ESOS SAURÓPODOS SE TRAGAN LA COMIDA SIN MASTICAR.

SUS DIENTES NO SIRVEN PARA MASTICAR, NATALIA.

SE TRAGAN PIEDRAS PARA MOLER LA COMIDA EN EL ESTÓMAGO.

24

LOS, SAURÓPODOS NO. VIVÍAN EN LAGUNAS

La gente antes pensaba que los saurópodos se pasaban la vida en las lagunas. Pero las huellas fósiles de sus patas demuestran que andaban por la tierra firme y probablemente se desplazaban en manadas. Rafa.

ESTAS HUELLAS FUERON HECHAS AL MISMO TIEMPO...

...Y TODAS APUNTAN EN LA MISMA DIRECCIÓN.

HUELLAS FÓSILES

MANADA DE DINOSAURIOS

EN MARCHA

¡QUÉ DINOSAURIOS TAN MARCHOSOS!

HARÁN FALTA MUCHÍSIMAS PLANTAS PARA ALIMENTAR A UN SAURÓPODO.

SEGURO QUE SE PASAN LA MAYOR PARTE DEL TIEMPO COMIENDO.

¡ESO ES VIDA!

LOS DINOSAURIOS ERAN ESPECIALES

Algunos dinosaurios probablemente se desplazaban en manadas. Ningún reptil actual lo hace.

SABEMOS QUE LOS DINOSAURIOS PONÍAN HUEVOS

Se han encontrado huevos fósiles de dinosaurios. En el interior de algunos hay diminutos esqueletos de crías.

Amanda

¿QUÉ TAMAÑO TENÍAN LOS HUEVOS DE LOS DINOSAURIOS?

El huevo de dinosaurio más grande que se ha encontrado tenía el tamaño de un balón de rugby.

María

Debajo de un montón de hojas encontramos unos huevos de dinosaurio a punto de eclosionar. Cerca había algunos *Stegosaurus* (dinosaurios con placas en el dorso) comiendo plantas. Uno de ellos estaba herido en una pata.

¿SON HUEVOS DE MAIASAURA?

NO, RITA. EL MAIASAURA NO VIVÍA EN EL PERÍODO JURÁSICO.

APARECIÓ MUCHO MÁS TARDE.

De repente, un *Allosaurus* se acercó al *Stegosaurus* herido. El *Stegosaurus* balanceó su cola con pinchos de lado a lado, pero no alcanzó al *Allosaurus*. ¿Qué pasaría? Contuvimos la respiración.

ES DURO SER UN CAZADOR

Es peligroso ser un depredador. Las presas pueden herirlos o, incluso, matarlos. Por este motivo los carnívoros suelen atacar a presas débiles, enfermas o jóvenes.

alejandro.

Borde en forma de sierra

DIENTE DE ALLOSAURUS (tamaño real)

El *Allosaurus* se abalanzó sobre el *Stegosaurus* y le dio un enorme mordisco. Luego retrocedió y esperó. El *Stegosaurus* se fue debilitando. Ya no podía escapar. Iba a convertirse en la comida del *Allosaurus*.

NIÑOS, LO QUE NO SE COMA EL ALLOSAURUS SERÁ APROVECHADO POR OTROS DINOSAURIOS.

EN MI OTRO COLEGIO NO NOS DEJABAN ACERCARNOS TANTO A UN DEPREDADOR.

ME PARECE QUE ESE STEGOSAURUS NO SE CONVERTIRÁ EN UN DINOSAURIO FÓSIL.

NO, SE VA A CONVERTIR EN UN DINOSAURIO COMIDO.

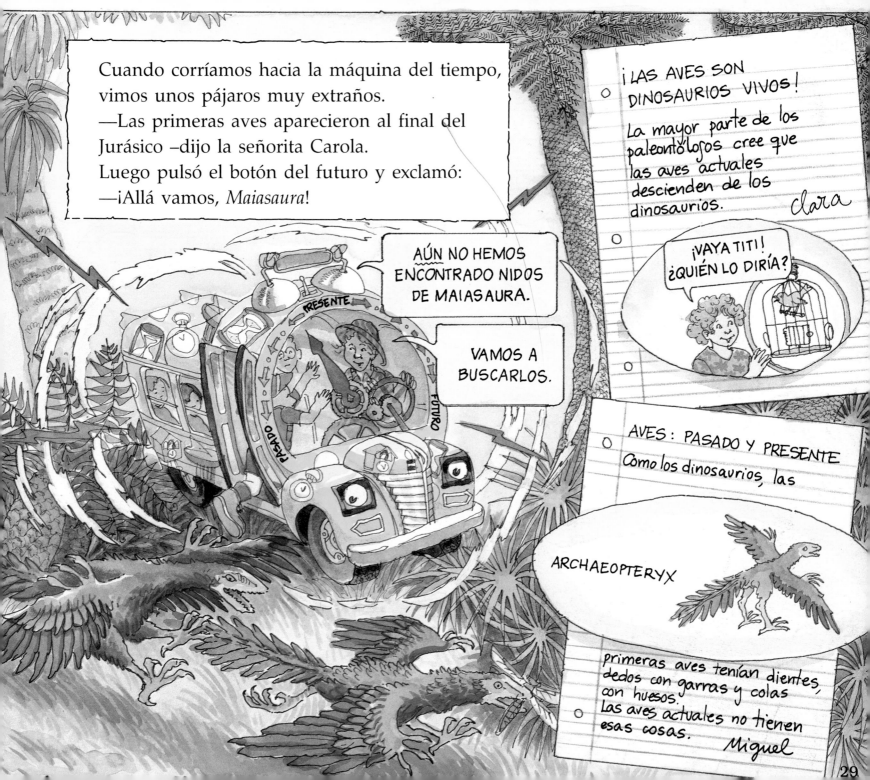

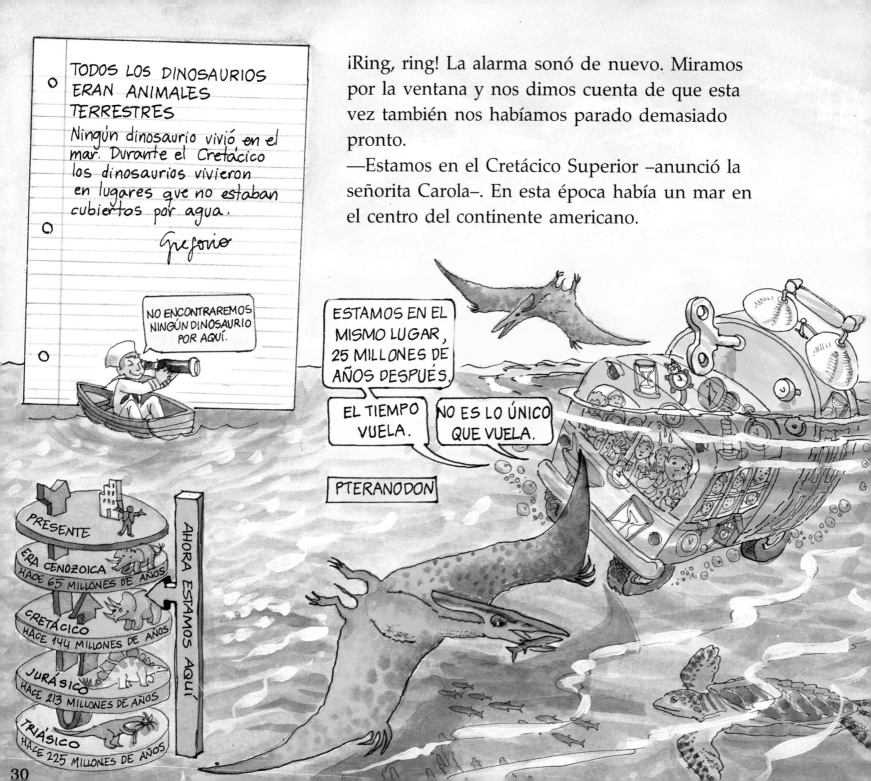

TODOS LOS DINOSAURIOS ERAN ANIMALES TERRESTRES

Ningún dinosaurio vivió en el mar. Durante el Cretácico los dinosaurios vivieron en lugares que no estaban cubiertos por agua.

Gregorio

NO ENCONTRAREMOS NINGÚN DINOSAURIO POR AQUÍ.

¡Ring, ring! La alarma sonó de nuevo. Miramos por la ventana y nos dimos cuenta de que esta vez también nos habíamos parado demasiado pronto.

—Estamos en el Cretácico Superior –anunció la señorita Carola–. En esta época había un mar en el centro del continente americano.

ESTAMOS EN EL MISMO LUGAR, 25 MILLONES DE AÑOS DESPUÉS.

EL TIEMPO VUELA.

NO ES LO ÚNICO QUE VUELA.

PTERANODON

PRESENTE

ERA CENOZOICA
HACE 65 MILLONES DE AÑOS

CRETÁCICO
HACE 144 MILLONES DE AÑOS

JURÁSICO
HACE 213 MILLONES DE AÑOS

TRIÁSICO
HACE 225 MILLONES DE AÑOS

AHORA ESTAMOS AQUÍ

30

Fuera veíamos nadar a unos enormes reptiles marinos.
Por encima de nuestras cabezas pasaban reptiles
voladores, que cazaban peces con su pico.
Como nos estábamos mojando un poco, la señorita
Carola apretó el mando del reloj para avanzar hacia
el futuro.

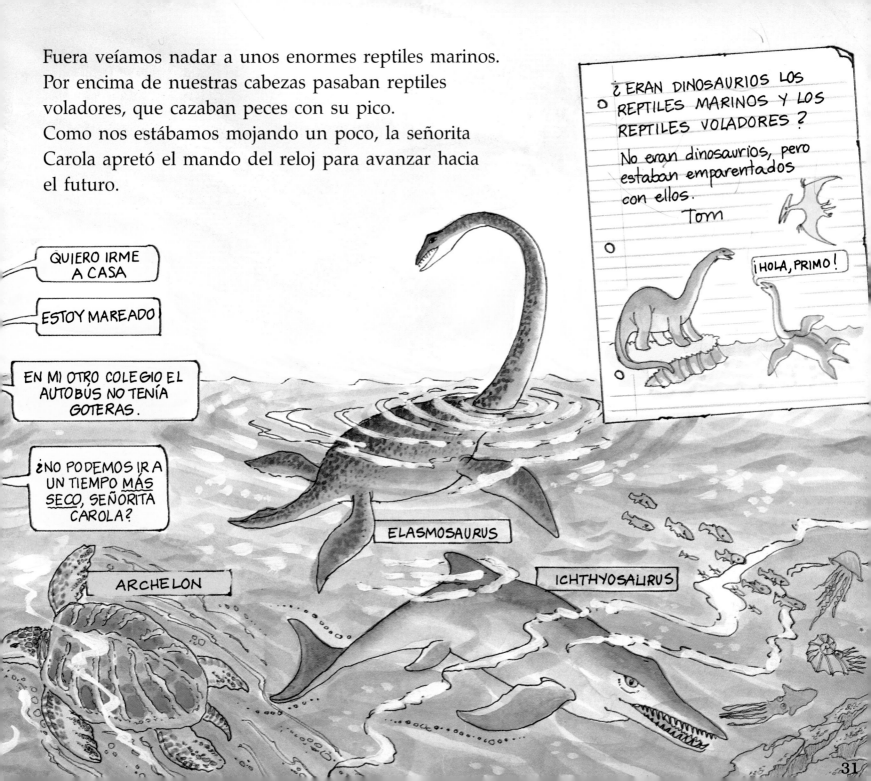

31

En cuanto bajamos del autobús, nos dimos cuenta de que el mundo del Cretácico era diferente. El tiempo era más frío. Había flores y frutos por todas partes. Y había cantidad de dinosaurios herbívoros que no habíamos visto antes.

—Estos herbívoros podían masticar mucho mejor que ningún otro dinosaurio –explicó la señorita Carola–. Tenían dientes masticadores y también carrillos.

LOS CARRILLOS EVITAN QUE LA COMIDA SE SALGA DE LA BOCA. AHORA A LOS HERBÍVOROS NO SE LES CAE LA COMIDA QUE YA HAN TRITURADO.

¡CARAMBA! NO SABÍA QUE LOS CARRILLOS ERAN TAN IMPORTANTES.

NUEVOS HERBÍVOROS DEL CRETÁCICO
por la señorita Carola

PICOS DE PATO
Tenían cientos de dientes en sus picos de hueso

CABEZAS DE CASCO
Tenían cráneos muy gruesos. Utilizaban la cabeza para topar

CON CORAZAS ÓSEAS
Tenían placas dorsales. Tenían muy pocos dientes.

CON CUERNOS
Tenían una armadura ósea en el cuello y cuernos. Tenían dientes cortantes.

LOS DINOSAURIOS ERAN ESPECIALES
Algunos dinosaurios masticaban la comida. Todos los reptiles actuales se la tragan entera.

DIENTES DE DINOSAURIO CON PICO DE PATO
Los dinosaurios con pico de pato tenían cientos de filas de dientes.

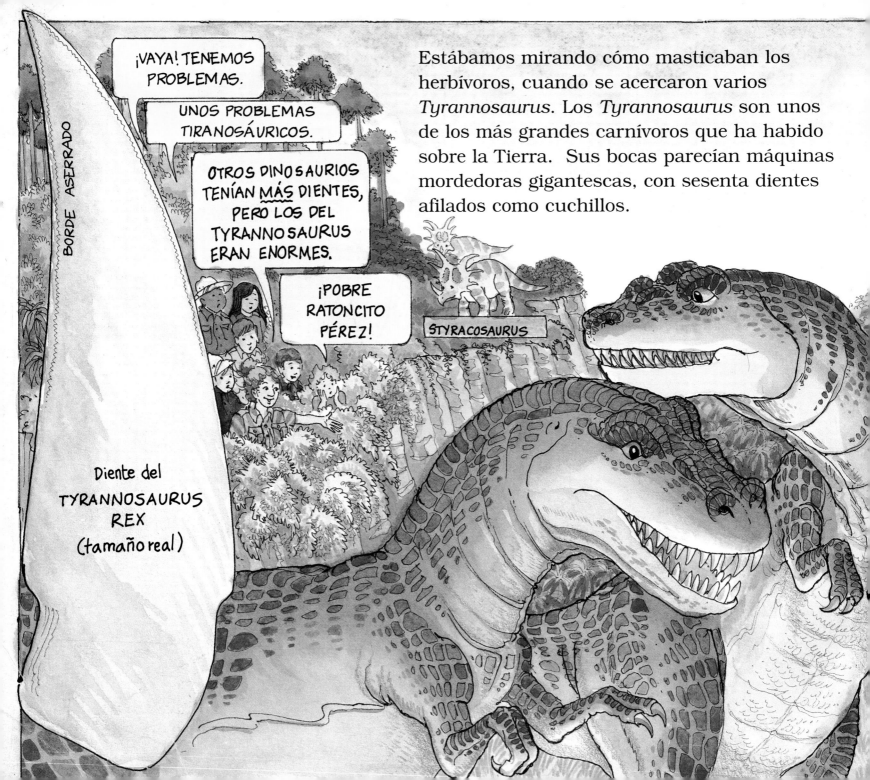

BORDE ASERRADO

Diente del
TYRANNOSAURUS
REX
(tamaño real)

¡VAYA! TENEMOS PROBLEMAS.

UNOS PROBLEMAS TIRANOSÁURICOS.

OTROS DINOSAURIOS TENÍAN MÁS DIENTES, PERO LOS DEL TYRANNOSAURUS ERAN ENORMES.

¡POBRE RATONCITO PÉREZ!

STYRACOSAURUS

Estábamos mirando cómo masticaban los herbívoros, cuando se acercaron varios *Tyrannosaurus*. Los *Tyrannosaurus* son unos de los más grandes carnívoros que ha habido sobre la Tierra. Sus bocas parecían máquinas mordedoras gigantescas, con sesenta dientes afilados como cuchillos.

Los *Tyrannosaurus* nos daban mucho miedo. Para colmo, apareció también un grupo de *Troodon*. Eran pequeños, pero había muchísimos. Rodearon el autobús para ver qué era. Nuestra situación era bastante peligrosa, así que echamos a correr.

Al llegar a lo alto de una colina, vimos una escena increíble. Era un lugar repleto de nidos de *Maiasaura*.

¿POR QUÉ PENSAMOS QUE LAS CRÍAS DE MAIASAURA PERMANECÍAN EN EL NIDO?

Cuando los científicos encontraron los primeros nidos de Maiasaura vieron:

• Cáscaras de huevo rotas, que mostraban que las crías pudieron haber permanecido en los nidos y haber pisado las cáscaras.

• Esqueletos de diferentes tamaños, que indicaban que las crías habían permanecido en los nidos hasta alcanzar un cierto tamaño.

• Dientes de crías desgastados, que mostraban que las crías comían quizás los alimentos que les llevaban sus padres.

Tina

No éramos los únicos que habíamos encontrado los *Maiasaura*, ¡los *Troodon* nos habían seguido! Se metieron entre los nidos y los *Maiasaura* se lanzaron contra ellos para defender a sus crías. De repente se levantó una tormenta de arena. Al cabo de pocos minutos, los dinosaurios estaban recubiertos de una gruesa capa de arena.

TODOS ESOS DINOSAURIOS QUEDARÁN ENTERRADOS.

¡POBRES DINOSAURIOS!

¡POBRES DE NOSOTROS!

Todo había sucedido tan rápidamente que no pudimos ayudar a los dinosaurios. Al quedar enterrados, probablemente se convertirían en fósiles.

OH, NO! SE ME HA CAÍDO EL MAIASAURA DE JUGUETE.

¡NO TE DETENGAS! ¡CORRE!

De vuelta en el autobús, emprendimos viaje hacia el futuro. Pensábamos que íbamos a regresar directamente a casa, pero el autobús chirrió y se detuvo otra vez antes de tiempo.

STRUTHIOMIMUS

PRESENTE

ERA CENOZOICA
HACE 65 MILLONES DE AÑOS

CRETÁCICO
HACE 144 MILLONES DE AÑOS

JURÁSICO
HACE 213 MILLONES DE AÑOS

TRIÁSICO
HACE 226 MILLONES DE AÑOS

AHORA ESTAMOS AQUÍ

39

—Estamos en los últimos minutos del Cretácico —dijo la señorita Carola. Una luz muy fuerte brillaba en el cielo.
—Miren ese asteroide –dijo la señorita Carola—. Es una roca enorme procedente del espacio. Pronto chocará contra la Tierra.

EL ASTEROIDE CAUSARÁ UNA GRAN EXPLOSIÓN. EL AIRE SE LLENARÁ DE CENIZA OSCURA, QUE IMPEDIRÁ QUE LA LUZ DEL SOL LLEGUE A LA TIERRA... LAS PLANTAS NO PODRÁN CRECER, Y MILLONES DE SERES VIVOS SE EXTINGUIRÁN, INCLUIDOS LOS DINOSAURIOS.

SENORITA, ¿QUÉ TAL SI NOS VAMOS ANTES DE QUE EL ASTEROIDE CHOQUE CONTRA LA TIERRA?

LAMBEOSAURUS

La señorita Carola apretó el mando del futuro, y nos pusimos en marcha otra vez

NIÑOS, ESTAMOS SÓLO A 65 MILLONES DE AÑOS DE CASA.

ACELERA, POR FAVOR...

Cuando sonó la alarma, nos encontramos por fin en nuestro tiempo. Los paleontólogos estaban preocupados por nosotros. Tras darles una pista de dónde podían encontrar huevos fósiles, nos despedimos y regresamos al colegio.

41

Ya tranquilamente en clase, nos pusimos a hacer un mural de nuestro viaje al tiempo de los dinosaurios. Lo acabamos justo a tiempo para que lo vieran las visitas.

A las visitas les gustó mucho todo lo que habíamos hecho. En su vida habían visto unos trabajos tan fabulosos, ni unos libros tan maravillosos, ni un vídeo tan increíble. Y, por supuesto, ¡jamás habían conocido a una profesora tan original como la *Escarola*!

4

4